Christel Rittmeyer

Die UN-Konvention über die Rechte von Menschen mit Behinderung

Ein Schritt zu mehr gesellschaftlicher Teilhabe

Rittmeyer, Christel: Die UN-Konvention über die Rechte von Menschen mit Behinderung. Ein Schritt zu mehr gesellschaftlicher Teilhabe, Hamburg, Bachelor + Master Publishing 2014
Originaltitel der Arbeit: Die UN-Konvention zum Schutze der Rechte von Menschen mit Behinderung: Nur schöne Worte oder auch Perspektive der Verbesserung?

Buch-ISBN: 978-3-95684-357-0
PDF-eBook-ISBN: 978-3-95684-857-5
Druck/Herstellung: Bachelor + Master Publishing, Hamburg, 2014
Coverbild: pixabay.com
Zugl. Wissenschaftlicher Vortrag im Bereich der Sonderpädagogik, 2009

Bibliografische Information der Deutschen Nationalbibliothek:
Die Deutsche Nationalbibliothek verzeichnet diese Publikation in der Deutschen Nationalbibliografie; detaillierte bibliografische Daten sind im Internet über http://dnb.d-nb.de abrufbar.

© Bachelor + Master Publishing, Imprint der Diplomica Verlag GmbH
Hermannstal 119k, 22119 Hamburg
http://www.diplomica-verlag.de, Hamburg 2014
Printed in Germany

Inhaltsverzeichnis

Einleitung

Nur schöne Worte oder auch Perspektive der Verbesserung?

Meinem Thema habe ich einen etwas provokanten Untertitel gegeben. Er formuliert eine Frage, die vielleicht schon implizit in Ihren Köpfen ist. Sehr wahrscheinlich wird sie sich Ihnen aber spätestens im Verlaufe meiner Ausführungen stellen: Sind die Texte der Konvention letztlich nur schöne Worte, oder auch Perspektive der Verbesserung?

Wie kam es nun zu einer eigenen Konvention zum Schutz der Rechte behinderter Menschen?

These 1
Die Menschenrechtserklärung der UN von 1948 hatte Menschen mit Behinderung nicht im Blick!

1948 erfolgte die allseits bekannte Erklärung der Menschenrechte der UN. Danach darf, wie bekannt ist, niemand wegen seines Alters, seines Geschlechts, seiner ethnischen Herkunft und seiner Religion diskriminiert werden. Soweit die Gründe, deretwegen niemand diskriminiert werden darf. Was auf den zweiten Blick erstaunt und vermutlich nicht jedem vorher bewusst war: bei diesen Gründen ist Behinderung n i c h t aufgeführt. Und auch die zusätzlich vorhandene Auffangklausel „andere Gründe" wurde über die Jahre hinweg nicht wirklich genutzt.

Diese Vernachlässigung oder Ignoranz in der Menschenrechtserklärung der UN von 1948 hatte zur Folge, dass Menschen mit Behinderung vielfach die ausdrückliche Anerkennung ihrer Menschenrechte verwehrt wurde (vgl. SCHULZE 2009, 20).

These 2
Der Anstoß zur Verhandlung der Rechte von Menschen mit Behinderung wurde von den Organisationen der Menschen mit Behinderung gegeben.

Gegen diese Situation machten sich zunehmend Organisationen stark. Es waren dies jedoch keine offiziellen Regierungsorganisationen, sondern die Vertretungen der Menschen mit Behinderungen selbst.
Deren Initiativen hatten schließlich zur Folge, dass der Staat Mexiko 2001 eine Verhandlung der Menschenrechte in der UN bewirken konnte. Sieben Runden waren dann noch notwendig, bis es zur Verabschiedung der Konvention kam. Am 13. Dezember 2006 wurde das Übereinkommen zum Schutz der Rechte von Menschen mit Behinderung angenommen (a. a. O., 21). Die Bundesregierung unterzeichnete das Abkommen am 30. März 2007. Seit dem 24.03.2009 ist die deutsche Rechtsordnung verpflichtet, den Inhalt der UN-Konvention zu befolgen und in deutsches Recht zu übertragen (vgl. JACOBS 2009, 6).

These 3
Die Konvention formuliert keine „neuen" Menschenrechte, denn sie baut auf dem bereits etablierten Menschenrechtskanon auf. Die Betonung von Barrierefreiheit und Inklusivität ist jedoch eine an vielen Stellen der Konvention sichtbar werdende Weiterentwicklung.

In der Konvention zum Schutz der Rechte von Menschen mit Behinderung werden k e i n e „n e u e n" Menschenrechte formuliert: Die Konvention baut auf dem bereits etablierten Menschenrechtskanon auf. Mit der Herausarbeitung der Barrierefreiheit und der Inklusivität geht sie dennoch nach meiner Ansicht durch diese spezifische Schwerpunktlegung auch inhaltlich über das Vorhandene hinaus (vgl. SCHULZE 2009, 22).

These 4
Die Menschenrechte von Menschen mit Behinderung können in fünf Bereiche unterteilt werden:
- **Personenschutzrechte**
- **Selbstbestimmungsrechte**
- **Recht auf Barrierefreiheit und Partizipation**
- **Freiheitsrechte**
- **Wirtschaftliche und soziale Rechte**

Die UN-Konvention ist ein umfangreiches, sehr differenziertes Dokument. In einer vereinfachten Form kann es aus dem Internet heruntergeladen werden.

Die einzelnen Rechte der Konvention lassen sich grob in die folgenden Gruppen aufteilen:

1. Personenschutzrechte

Diese Rechte umfassen im Einzelnen:
- Recht auf Leben
- Freiheit von Folter, grausamer oder erniedrigender Behandlung
- Freiheit von Ausbeutung, Gewalt und Missbrauch
- Schutz der Unversehrtheit der Person.

Wichtige Aspekte der Ausführungen in dieser Gruppen sind:
- Schutz vor medizinischen und wissenschaftlichen Experimenten sowie
- Kontrolle von sämtlichen Einrichtungen, die für Menschen mit Behinderungen bestimmt sind (Artikel 16).

2. Selbstbestimmungsrechte

Als ein zentrales Anliegen der Konvention ist die Anerkennung der Rechts- und Geschäftsfähigkeit anzusehen (vgl. SCHULZE 2009, 23). Der Entscheidungsprozess von Menschen mit Behinderung ist zu unterstützen, darf jedoch nicht von einer dritten Person ersetzt werden.
Artikel 19 enthält eine **umfassende Bestimmung zu selbstbestimmtem Leben mit** dem klaren **Ziel, maximale Unabhängigkeit und soziale Inklusion** zu erreichen.

3. Recht auf Barrierefreiheit und Partizipation

Die Rechte dieser Gruppe zielen auf die Identifikation von physischen und kommunikativen Barrieren sowie deren Beseitigung. Insbesondere geht es ihnen auch um den Zugang zur Justiz und um politische Mitgestaltung.

4. Freiheitsrechte

Unter die Freiheitsrechte fallen persönliche Mobilität, grundsätzliche Freiheits- und Sicherungsrechte, Bewegungsfreiheit sowie das Recht auf Nationalität. Von spezifischem Interesse bezogen auf Menschen mit Behinderung sind zwei Aspekte:
- Das Recht von Eltern, für ihr behindertes Kind zu sorgen und
- das Recht von Eltern, die eine Behinderung haben, für ihre Kinder zu sorgen.

5. Wirtschaftliche und soziale Rechte

In diese Rubrik fallen eine ganze Reihe von Menschenrechten:

- Bildung
- Gesundheitsversorgung
- Arbeit und adäquater sozialer Schutz

These 5
Fragen der Organisation des Unterrichts von Schülern mit Behinderung fallen in den Bereich der „sozialen Rechte".

Unter die Rubrik „soziale" Rechte fällt somit die **Bildung**. Von der Konvention wird das **Konzept inklusiver Bildung** als **Menschenrecht** verankert. Danach dürfen „in keiner Bildungsstufe… Menschen mit Behinderungen von Bildungseinrichtungen auf Grund einer Behinderung ausgeschlossen werden" (SCHULZE 2009, 23).

These 6
Die UN-Konvention favorisiert ein egalitäres, inklusives Schulsystem, schließt aber besondere pädagogische Maßnahmen nicht aus.

Das Recht auf Bildung ist in Artikel 24 der UN-Konvention detaillier(ter) beschrieben. Ich habe Ihnen deshalb die deutsche Übersetzung auf ein separates Blatt aufgeschrieben (siehe Anhang). Die durch Fettdruck erfolgten Markierungen stammen von mir.
Favorisiert wird, so ELLGER-RÜTTGARDT (2009, 446), ein egalitäres, inklusives Schulsystem. Allerdings ist der englische Terminus „inclusive" auch in der deutschen Übersetzung (der Bundesregierung) wieder – wie in der Salamanca-Erklärung – falsch, nämlich mit „integrativ" übersetzt!

Was bedeutet Inklusion?

These 7
Erziehungs-, Bildungs- und Leistungsangebote für Menschen mit Behinderung sind keine Selbstverständlichkeit und haben historisch unterschiedliche Formen hervorgebracht.

Ein Erziehungs-, Bildungs- und Leistungsangebot für Menschen mit Behinderung ist keine Selbstverständlichkeit, wie die historische Betrachtung zeigt.
Mit SANDER (2003) können in der Geschichte des Umgangs mit Menschen mit Behinderung vielmehr die folgenden Phasen unterschieden werden:

Umgang mit Menschen mit Behinderung (nach SANDER 2003)

1. **Exklusion**: Kinder mit Behinderung sind von jeglichem Schulbesuch ausgeschlossen.
2. **Separation oder Segregation**: Kinder mit Behinderung besuchen eigene abgetrennte Bildungseinrichtungen (Sonderschulen).
3. **Integration**: Kinder mit Behinderung können mit sonderpädagogischer Unterstützung Regelschulen besuchen.

4. **Inklusion**: Alle Kinder mit Behinderung besuchen wie alle anderen Kinder Regelschulen, die die Heterogenität ihrer Schüler und Schülerinnen schätzen und im Unterricht fruchtbar machen.
5. **„Vielfalt als ‚Normalfall'"** (Wilhelm/Bintinger): Inklusion ist überall Selbstverständlichkeit geworden, der Begriff kann daher in einer ferneren Zukunft vergessen werden (vgl. SANDER 2003, 317).

These 8
Deutschland befindet sich in der Praxis schwerpunktmäßig in der Phase der Separation.

Wo befindet sich nun Deutschland auf diesem Entwicklungskontinuum? Angesichts des Umstandes, dass nur 14 % der Schüler eine integrative Regelklasse besuchen, ist *in der Praxis* sicherlich von einem Schwerpunkt der Separation mit gleichzeitig geringanteiliger Integration zu sprechen.

Auf der Ebene der Theorie hingegen ist eine Weiterentwicklung hin zur Inklusion festzustellen (vgl. Themenheft 4/2003 der Zeitschrift Sonderpädagogische Förderung).

Was genau ist nun unter „Inklusion" zu verstehen und worin liegt der Unterschied zur Integration?

These 9
Inklusion überwindet das Zwei-Gruppen-Denken der Integration, wendet sich von der Defizitorientierung ab und begreift Vielfalt als Normalität und Bereicherung.

„Inklusion" überwindet die Problematik, für die im Fachjargon die folgenden Bezeichnungen benutzt werden: „Zwei-Gruppen-Theorie" und „paradoxe Grundbedingung der Integrationspädagogik". Anja Tervooren beschreibt das damit Gemeinte wie folgt:
„Die sich seit den 80er-Jahren des 20. Jahrhunderts etablierende **Integrationspädagogik** *sah sich von Anfang an der* **Schwierigkeit** *ausgesetzt,* **dass sie,** *wollte sie einen vorhandenen* **Ausschluss** *rückgängig machen, diesen zuallererst* **anerkennen** *und mit seinen Kategorien und Bedingungen arbeiten* **musste.** *Bereits der Begriff ›Integration‹ impliziert* **ein spezifisches Spannungsverhältnis** *zwischen einer Gruppe, die integriert werden auf der einen und einer, die integrieren soll, auf der anderen Seite. Die Verwendung des Begriffs gibt demnach nicht nur eine Bewegungsrichtung, sondern darüber hinaus ein* **Verhältnis von Passivität und Aktivität** *der jeweiligen Gruppen vor. Durch diese Behauptung wird* **auf der Seite derjenigen, die integriert werden sollen, ein** **Defizit platziert**, *während die Notwendigkeit zur Integration der anderen Gruppe angetragen und diese damit zur* **dominanten** *gemacht wird"* (LINDMEIER 2003, 303).
Hilfreich für das Verständnis von Inklusion ist auch die von Christian LINDMEIER vorgenommene Gegenüberstellung unterscheidender Merkmale:

Unterscheidung von Integration und Inklusion in Anlehnung an Lindmeier:

Integration	Inklusion
Im Wort „Integration" steckt: „Die Mehrheit integriert unter bestimmten Umständen eine besondere Minderheit."	Inklusion lässt die Verschiedenheit im Gemeinsamen bestehen.
Integration kennzeichnet eher den an ein Defizit einer Person geknüpften Bedarf (I-Kind).	Der Begriff Inklusion betont die Notwendigkeit institutioneller und struktureller Veränderungen und sieht die Verschiedenheit der einzelnen Menschen als einen positiven, bereichernden Wert an.
Der Begriff Integration **impliziert einen vorausgehenden Ausschluss** aus den Leistungszusammenhängen der modernen Gesellschaft.	Beim Begriff Inklusion geht es um die Mitbestimmung an der komplexen und differenzierten Gesellschaft.

(Lindmeier 2003, 303 f.)

HINZ beschreibt 2003 **den spezifisch inklusiven Fokus** wie folgt:
- Menschen mit Behinderung werden als **eine von vielen Minderheiten** betrachtet.
- Sie werden **nicht mehr** als **eindeutig abgrenzbare Gruppe** angesehen.
- Sie werden **nicht mehr** als „**funktionsgemindert**" eingestuft.
- Es **werden alle Dimensionen von Heterogenität betrachtet**, nicht mehr nur die mehr oder weniger behinderten Entwicklungsmöglichkeiten.
- Inklusion kämpft gegen jede Form der gesellschaftlichen Marginalisierung, geht also über den Bereich der Pädagogik hinaus (HINZ 2003, 332).

These 10
„Inklusion" kann (auch) als neues Paradigma der Heilpädagogik begriffen werden.

Das Inklusionsparadigma

Inklusion ist eines d e r neuen Paradigmata in der Heilpädagogik. Der Begriff „Paradigma" kommt aus dem Griechischen und bedeutet wörtlich „Beispiel" oder „Muster". Im Bereich der Wissenschaft versteht man unter Paradigma einen Komplex zusammenhängender Annahmen und Regeln, mit denen es möglich ist, ein anstehendes Problem wissenschaftlich besser als bisher zu lösen. Ein Wechsel des Paradigmas bedeutet demnach einen Wechsel in Bezug auf bisher geltende Modelle.

These 11
**Die UN-Behindertenkonvention ist mit der Vision einer Menschenwelt ver-
bunden, in der Menschen mit Behinderung selbstverständlich leben und sich
zugehörig fühlen können.**

Zielsetzung und Einschätzung
Nach Einschätzung von JACOBS ist die UN-Konvention das fortschrittlichste
Instrument der Vereinten Nationen, das jemals zum Schutz der Menschenrechte
erarbeitet worden ist. Erklärtes Ziel dieser Konvention ist es, Menschen mit
Behinderung weltweit zu vollwertigen Bürgern ihres Landes zu machen (vgl.
JACOBS 2009, 3).
BIELEFELDT zufolge markiert die UN-Konvention zum Schutze der Rechte von
Menschen mit Behinderung einen grundlegenden Wandel: sie ersetzt den
traditionellen, primär am Defizit orientierten Ansatz durch einen „diversity-Ansatz",
der Leben mit Behinderungen als Ausdruck gesellschaftlicher Vielfalt positiv würdigt
(vgl. BIELEFELDT2006, 6 f.)
Und last but not least ist die Konvention mit einer veränderten Vision verbunden:
„Gegen die Vision einer künftigen Gesellschaft ohne Behinderung stellt sie die
Konvention das Bild einer Menschenwelt, in der Behinderte selbstverständlich leben
und sich zugehörig fühlen können" (Vgl. ebd.).

„Das alles bringt doch eh nix!"

Dies ist, so Marianne SCHULZE, die Einschätzung vieler Menschen, wenn es um die
Einschätzung der tatsächlichen Wirksamkeit der Menschenrechte geht.
Diese Einschätzung wird sicherlich auch durch Erfahrungen genährt, die mit der
Durchsetzung von Menschenrechten gemacht wurde.

Ich bin jedoch der Ansicht, dass es gute Chancen gibt, dass die UN-Konvention über
die Rechte von Menschen mit Behinderung Wirkungen zeitigt. Die Gründe dafür
werde ich im Folgenden darlegen.

These 12
**Die UN-Behindertenkonvention betritt mit ihren Durchführungsbestimmungen
menschenrechtliches Neuland.**

Die UN-Behindertenkonvention betritt mit zwei Durchführungsbestimmungen
menschenrechtliches Neuland:
- Es sollen Daten und Statistiken erhoben werden, die Menschen mit Behinderungen und ihre Bedürfnisse konkret(er) erfassen.
- Es wird bestimmt, dass Menschen mit Behinderungen in sämtliche Phasen
  der Durchsetzung ihrer Rechte eingeschlossen werden müssen.

These 13
Durch den Monitoringausschuss wird die Umsetzung der UN-Konvention unterstützt.

Die Umsetzung wird allem voran dadurch unterstützt, dass die **Vertragsstaaten verpflichtet** sind, den Vereinten Nationen über die Umsetzung Bericht zu erstatten. Zur Erfüllung dieser Ausgabe wurde in der Bundesrepublik ein **Monitoring-ausschuss** eingerichtet. Diese Aufgabe ist dem Deutschen Institut für Menschenrechte Berlin übertragen worden.
Personen mit Behinderung, die ihre Rechte verletzt sehen, können sich an nationale **Beschwerdestellen** wenden. Sind deren Rechtsmittel ausgeschöpft, so kann eine übernationale Beschwerdestelle angerufen werden.

These 14
Die EU unterstützt die Umsetzung und arbeitet dabei mit der Universität Leeds (Professor Mark Priestley) zusammen.

Eine **Umsetzungspflicht** besteht auch gegenüber der **EU** im Rahmen des **Disability Action Plan (DAP).** Dessen Strategien für 2008-2009 decken sich mit den Zielen der UN-Konvention. Der DAP soll deshalb laut EU **zur praktischen Umsetzung der UN-Konvention beitragen.**
Daneben gibt es ein transnationales Netz unabhängiger Forschungseinrichtungen und Expertinnen zur Unterstützung der Umsetzung der Beschlüsse. Dieses ist bei der Universität Leeds (GB) angesiedelt und wird maßgeblich von Professor Mark Priestley koordiniert.

These 15
Gemäß dem Theorieansatz der konstruktivistischen Schule unterstützt der Menschenrechts d i a l o g die Umsetzung der Menschenrechte.
Ein solcher D i a l o g kann auch die Umsetzung der UN-Konvention über die Rechte von Menschen mit Behinderung unterstützen.

Viele sprechen im Zusammenhang mit den Menscherechten von einer **Implementierungskrise**. Wie Hathaway von der Universität Yale in einer Studie 2002 aufgezeigt hat, führte die Ratifizierung von Menschenrechtsabkommen in vielen Staaten auch nach längeren Zeitperioden **nicht** zu einer statistisch signifikanten **Verringerung von Menschrechtsverletzungen**. Dies, so ihre Erklärung, weil es an einem effektivem **Monitoring mangele** (vgl. WÜRTH/SEIDENSTICKER 2005, 11). Ratifizierung ist deshalb e i n Ziel, Durchsetzung der Bestimmungen e i n weiteres (und: anderes). Die Durchsetzung kann jedoch von Dialogen erheblich unterstützt werden. **Dialoge, das sind öffentlich angekündigte Verfahren,** mit denen Staaten **politische Gespräche über Menschenrechte** einleiten (vgl. HÜRTH/SEIDENSTRICKER 2005, Einleitung Seite 9).

Die sogenannte **realistische Schule** nimmt einzig und allein wirtschaftlichen Zwang als wirksames Motiv für die Umsetzung von Menschenrechten an. Sie gibt keine Erklärung dafür, wie wirtschaftlich starke Staaten zur Umsetzung der Menschenrechte gebracht werden können.

Das **konstruktivistische Modell** argumentiert anders. Zwar hat **auch** dieses Modell **Schwächen**. Es erscheint mir persönlich aber, allerdings in einer noch weiter erlaborierten Form, gegenwärtig als **das erklärungsstärkere**. Auf dieses Modell kann hier nicht im Detail eingegangen werden. Von HÜRTH und SEIDENSTICKER wird jedoch weiterführende Literatur genannt, die eine gründlichere Auseinandersetzung ermöglicht.

Es können hier nur die **fünf von diesem Modell angenommenen Phasen** vorgestellt werden, in deren letzter die Möglichkeit zur Normbeachtung besteht.

Phase 1: Repression
schwache Opposition; Informationen über Menschenrechtsverletzungen gelangen nur spärlich nach außen

Phase 2: Bestreitung der Geltung
Die universale Geltung von Menschenrechtsnormen wird systematisch bestritten aber: Auch die Negierung der Geltung von Menschenrechtsverletzung rückt diese schon ins Zentrum der Aufmerksamkeit

Phase 3: Taktische Konzessionen und Selbstverstrickung
Opposition fühlt sich aufgrund massiven Drucks (durch Drohungen und Sanktionen) geschützt

Phase 4: Status der Anerkennung
Über die Ratifikation hinaus werden die Menschenrechte in nationales Recht überführt.

Phase 5: Normgeleitetes Verhalten
Sofern die lokale und internationale Mobilisierung auch nach Phase 4 erhalten bleibt, kann es zu normgeleiteten Verhalten kommen.

Die Rolle von Forschung bei der Umsetzung der UN-Konvention

These 16
Die derzeitigen nationalen politischen Strategien in Österreich sind auf Normalisierung und Integration, nicht aber Inklusion ausgerichtet. Analoge Entwicklungen sind für die Bundesrepublik Deutschland zu vermuten.

Unter der Überschrift „Die Rolle der Forschung bei der Umsetzung der UN-Konvention" haben PLANGER und SCHÖNWIESE einen sehr lesenswerten Beitrag geschrieben, in dem sie sich auf die Situation in Österreich beziehen. In Österreich wurde die UN-Konvention einige Monate früher als in Deutschland ratifiziert. Und wegen der nach meiner persönlichen Erfahrung großen Überschneidungen zwischen Österreich und der Bundesrepublik Deutschland im Bereich der Sonderpädagogik kann ich deshalb diesen sehr informativen Beitrag wie auch das ganze Heft nur wärmstens empfehlen.

Ein **erstes Ergebnis der Forschungen** unter Leitung von Professor Schönwiese ist, dass das **Recht auf soziale Inklusion** durch die derzeitigen nationalen politischen Strategien in Österreich **konterkariert** wird. Diese **Konzepte zielen nicht auf Inklusion, sondern auf Integration und Normalisierung** (vgl. PLANGGER/

SCHÖNWIESE 2009, 29). Und sie ziehen das Fazit: „Der zentrale Paradigmenwechsel, der durch das soziale Modell von Behinderung in der Präambel der UN-Konvention formuliert wird, findet in der derzeitigen Gesetzgebung keinen Durchschlag. Zu sehr herrscht eine medizinisch-rehabilitative Sichtweise auf Behinderung vor, die den politischen Diskurs dominiert und in den Gesetzen ihren Ausdruck findet. Paradigmatisch wird das Pflegesicherungsgesetz vom Jahr 1993 angeführt, das monetäre Leistungen vom Ausmaß der Pflegebedürftigkeit abhängig macht. Die Betonung liegt auf der Pflege und somit entspricht es einer medizinischen Sichtweise" (PLANGGER/SCHÖNWIESE 2009, 29).

These 17
In Österreich fehlen fundierte Studien und Daten zur Lebenssituation und sozioökonomischen Situation von Menschen mit Behinderung.

Aus den ersten Berichten in Österreich geht auch hervor, dass zur **Lebenssituation** von Menschen mit Behinderung **keine eindeutigen Daten** vorliegen (vgl. ebd.). Ähnlich ist es bezüglich der **sozioökonomischen Situation** von Menschen mit Behinderung: auch hier fehlen für Österreich fundierte Daten und Studien (vgl. PLANGGER/SCHÖNWIESE 2009, 30.

These 18
Es müssen Wirksamkeitsindikatoren bezogen auf alle Rechte von Menschen mit Behinderung erarbeitet werden.

Schon jetzt aber ist deutlich, dass Menschen mit Behinderung in vielen Fällen aus der Arbeitswelt ausgeschlossen sind, was zugleich die Gefahr (weiterer) sozialer Isolation und Ausgrenzung mit sich bringt.
Letztlich wird es darum gehen müssen, **Wirksamkeitsindikatoren** für sämtliche Bereiche der Rechte von Menschen mit Behinderung zu entwickeln und zu evaluieren. *In* die **Entwicklung und Evaluation** dieser Indikatoren **müssen Menschen mit Behinderung selbst mit eingeschlossen werden** (vgl. PLANGGER/SCHÖNWIESE 2009, 32).
Universitäten kann hierbei die folgende Aufgabe zukommen:
• Trans- und interdisziplinäre Forschungsprojekte ins Leben rufen sowie
• fundierte Methoden und Indikatoren zur Wirkungsanalyse und Datensammlung entwickeln und umsetzen

These 19
Inklusive Forschung ist Forschung von Menschen mit Behinderung und muss deren Lebensbedingungen zugute kommen. Was dies konkret bedeutet, ist ebenfalls noch differenziert(er) darzustellen.

Von GOEKE und TERFLOTH (2006) sind Anforderungen zusammengestellt worden, die an eine inklusive Forschung zu stellen sind.
Danach ist inklusive Forschung
• Forschung v o n Menschen mit Behinderung
• durch Dialog gekennzeichnet
• mit dem Erlernen neuer Handlungsmuster verbunden
• praxisrelevant

- ein gemeinsamer Lernprozess aller Beteiligten
- von allen Beteiligten zu nutzen
- ein Beitrag zu mehr Inklusion

Damit erscheint mir der grobe Rahmen einer inklusiven Forschung umrissen, die innere Struktur aber noch der Konkretion, insbesondere durch (mehr) Beispiele bedürftig.

Persönliches Resümee und Ausblick

Lange Zeit wurden Menschen mit Behinderung Menschenrechte vorenthalten. Auch heute noch haben sie in vielen Ländern wenig Rechte, werden diskriminiert und geringgeschätzt. Als ich 1986 meine Dissertation zur Thematik der italienischen Psychiatrie- und Schulreformen fertigstellte kam mir der Gedanke, dass der Appell der Fachwissenschaft für mehr Rechte nicht ausreicht. Die Rechte von Menschen mit Behinderung müssen vielmehr in einem übergeordneten Rahmen festgeschrieben werden, wenn sich etwas ändern, für diese Menschen verbessern soll.

Zwanzig Jahre später konnte ich erleben, dass dieser Gedanke durch die hier beschriebene Konvention umgesetzt wurde.

Die Konvention ist somit ein unerlässlicher und wichtiger Schritt. Aber sie ist nur e i n Schritt eines langen Weges, von dem sie erst den Anfang markiert. Es ist ein nie endender Weg mit vielen Stolpersteinen und Hürden. Aber in einer demokratischen Welt kann es keinen anderen geben, denn alle Menschen sollten die gleichen Rechte haben und alle Menschen haben den gleichen Wert. Die Umsetzung der hier beschriebenen Konvention ist deshalb eine Aufgabe für die gesamte Menschengemeinschaft angesichts der uns alle inhärenten, gleichen und unveräußerlichen Menschenwürde.

Literatur

AICHELE, Valentin (2008): Die UN-Behindertenrechtskonvention und ihr Fakultativ-protokoll. Ein Beitrag zur Ratifikationsdebatte. Deutsches Institut für Menschen-rechte. ISSN 1614-2195. http://www.bundesinitiative-daheim-statt-heim.de/files/ ff_DIMR_policy_paper_die_un_behindertenrechtskonvention.pdf, Zugriff vom 24.07.2009

BIELEFELDT, Heiner (2006): Zum Innovationspotenzial der UN-Behinderten-konvention. Deutsches Institut für Menschenrechte. http://files.institut-fuer-menschenrechte.de/488/d59_v1_file_4a3b65b2cc1f8_ essay_zum_innovationspotenzial_der_un_behindertenrechtskonvention_auflage3.pdf. Zugriff vom 24.07.2009

Entwurf eines Gesetzes zu dem Übereinkommen der Vereinten Nationen vom 13. Dezember 2006 sowie zu dem Fakultativprotokoll vom 13. Dezember 2006 zum Übereinkommen der Vereinten Nationen über die Rechte von Menschen mit Behiunderungen .http://www.alle-inklusive.behindertenbeauftragte.de/nn_1430096 SharedDoc/Dow. Zugriff vom 24.07.2009

ELLGER-RÜTTGARDT, Sieglind (2008): Nationale Bildungspolitik und Globa-lisierung. Die Herausforderungen der UN-Konvention über die Rechte von Menschen mit Behinderungen. Pädagogik wird international. Zeitschrift für Heilpädagogik 12, 442-450

GOEKE, Stephanie/TERFLOTH; Karin (2006): Inklusiv forschen – Forschung inklusive. In: PLATTE, Andrea/SEITZ; Simone/TERFLOTH, Karin (Hrsg.)(2006): Inklusive Bildungsprozesse. Bad Heilbrunn: Klinhardt, 43-54

HINZ, Andreas (2003): Die Debatte um Integration und Inklusion – Grundlage für aktuelle Kontroversen in Behindertenpolitik und Sonderpädagogik? Sonder-pädagogische Förderung, 48. Jahrgang, 330-347

JACOBS, Kurt (2009): Die UN-Konvention für die Rechte behinderter Menschen – Ein visionärer Meilenstein und Paradigmenwechsel in der Behindertenpolitik. http://www.bundesinitiative-daheim-statt-heim.de/files/Beitrag_Prof.Jacobs_UN-Konvention.pdf

LINDMEIER, Christian (2003): Editorial. In: Sonderpädagogische Förderung. Integration und pädagogische Rehabilitation. 48. Jahrgang, Heft 4, 303 f.

PLANGGER, Sascha/SCHÖNWIESE, Volker (2009): Die Rolle von Forschung bei der Umsetzung der UN-Konvention. Behinderte Menschen 1, 26-33

SANDER, Alfred (2003): Von Integrationspädagogik zu Inklusionspädagogik. In: Sonderpädagogische Förderung. Integration und pädagogische Rehabilitation. 38. Jahrgang, Heft 4, 313-329

SCHULZE, Marianne (2009): Die Konvention: Ihre Notwendigkeit und ihre Möglich-keiten. Behinderte Menschen, 18-25

WÜRTH, Anna/SEIDENSTICKER, Frauke Lisa (2005): Indices, Benchmarks und Indikatoren: Zur Gestaltung und Auswertung von Menschenrechtsdialogen. Deutsches Institut für Menschenrechte. http://www.institut-fuer-menschenrechte.de/uploads/tx_commerce/studie_indices_benchmarks_und_indikatoren.pdf

Anhang

Artikel 24

Der UN-Konvention über die Rechte von Menschen mit Behinderungen

aus: Drucksache 760/08

Bildung

(1) Die Vertragsstaaten **anerkennen** das **Recht** von Menschen mit Behinderungen **auf Bildung**. Um dieses Recht **ohne Diskriminierung** und auf der Grundlage der **Chancengleichheit** zu verwirklichen, gewährleisten die Vertragsstaaten ein **integratives Bildungssystem auf allen Ebenen** und lebenslanges Lernen mit dem Ziel,

a) die **menschlichen Möglichkeiten** sowie das **Bewusstsein der Würde** und das **Selbstwertgefühl** des Menschen **voll zur Entfaltung zu bringen** und die **Achtung vor den Menschenrechten**, den **Grundfreiheiten** und der **menschlichen Vielfalt zu stärken**;

b) Menschen mit Behinderungen ihre **Persönlichkeit**, ihre **Begabungen** und ihre **Kreativität** sowie ihre geistigen und körperlichen Fähigkeiten **voll zur Entfaltung bringen zu lassen**.

c) Menschen mit Behinderungen **zur wirklichen Teilhabe** an einer **freien Gesellschaft zu befähigen**.

(2) Bei der Verwirklichung dieses Rechts stellen die Vertragsstaaten sicher, dass

a) Menschen mit Behinderungen **nicht aufgrund von Behinderung vom allgemeinen Bildungssystem ausgeschlossen werden** und dass Kinder mit Behinderungen nicht augrund von Behinderung vom unentgeltlichen und obligatorischen Grundschulunterricht oder vom Besuch weiterführender Schulen ausgeschossen werden;

b) Menschen mit Behinderungen gleichberechtigt mit anderen in der Gemeinschaft, in der sie leben, **Zugang zu einem integrativen**, hochwertigen und unentgeltlichen **Unterricht an Grundschulen und weiterführenden Schulen** haben;

c) angemessene Vorkehrungen für die Bedürfnisse des Einzelnen getroffen werden;

d) Menschen mit Behinderungen **innerhalb des allgemeinen Bildungssystems** die **notwendige Unterstützung** geleistet wird, **um ihre erfolgreiche Bildung zu erleichtern**;

e) in Übereinstimmung mit dem **Ziel der vollständigen Integration** wirksame individuell angepasste Unterstützungsmaßnahmen in einem Umfeld, das die bestmögliche schulische und soziale Entwicklung gestattet, angeboten werden.

(3) Die Vertragsstaaten ermöglichen Menschen mit Behinderungen, **lebenspraktische Fertigkeiten und soziale Kompetenzen zu erwerben**, um ihre <u>volle und gleichberechtigte Teilhabe an der Bildung und als Mitglieder der Gemeinschaft</u> zu erleichtern. Zu diesem Zweck ergreifen die Vertragsstaaten geeignete Maßnahmen; unter anderem

a) **erleichtern** sie das **Erlernen von <u>Brailleschrift,</u> alternativer Schrift, ergänzenden und alternativen Formen, Mitteln und Formaten <u>der</u> Kommunikation**, den **Erwerb von Orientierungs- und Mobilitätsfertigkeiten** sowie die Unterstützung durch andere Menschen mit Behinderungen und das Mentoring;

b) <u>**erleichtern**</u> sie das <u>**Erlernen der Gebärdensprache**</u> und die **Förderung der sprachlichen Identität der Gehörlosen**;

c) stellen sie sicher, dass **blinden, gehörlosen und taubblinden Menschen**, insbesondere Kindern, **Bildung** in den Sprachen und Kommunikationsformen und mit den Kommunikationsmitteln, die für den Einzelnen am besten geeignet sind, sowie **in einem Umfeld** vermittelt wird, **das die bestmögliche schulische und soziale Entwicklung gestattet.**

(4) Um zur Verwirklichung dieses Rechts beizutragen, treffen die Vertragsstaaten geeignete Maßnahmen zur Einstellung von Lehrkräften, einschließlich solcher mit Behinderungen, die in Gebärdensprache oder Brailleschrift ausgebildet sind, und zur Schulung von Fachkräften sowie Mitarbeitern und Mitarbeiterinnen auf allen Ebenen des Bildungswesens. Diese Schulung schließt die Schärfung des Bewusstseins für Behinderungen und die Verwendung geeigneter ergänzender und alternativer Formen, Mittel und Formate der Kommunikation sowie pädagogische Verfahren und Materialien zur Unterstützung von Menschen mit Behinderungen ein.

(5) Die Vertragsstaaten stellen sicher, dass Menschen mit Behinderungen ohne Diskriminierung und gleichberechtigt mit anderen Zugang zu allgemeiner Hochschulbildung, Berufsausbildung, Erwachsenenbildung und lebenslangem Lernen haben. Zu diesem Zweck stellen die Vertragsstaaten sicher, dass für Menschen mit Behinderungen angemessene Vorkehrungen getroffen werden.
(vgl, Übereinkommen über die Rechte von Menschen mit Behinderungen)

Zusammenstellung der Thesen

These 1
Die Menschenrechtserklärung der UN von 1948 hatte Menschen mit Behinderung nicht im Blick!

These 2
Der Anstoß zur Verhandlung der Rechte von Menschen mit Behinderung wurde von den Behindertenorganisationen gegeben.

These 3
Die Konvention formuliert keine „neuen" Menschenrechte, denn sie baut auf dem bereits etablierten Menschenrechtskanon auf. Die Betonung von Barrierefreiheit und Inklusivität ist jedoch eine an vielen Stellen der Konvention sichtbar werdende Weiterentwicklung.

These 4
Die Menschenrechte von Menschen mit Behinderung können in fünf Bereiche unterteilt werden:
- Personenschutzrechte
- Selbstbestimmungsrechte
- Recht auf Barrierefreiheit und Partizipation
- Freiheitsrechte
- Wirtschaftliche und soziale Rechte

These 5
Fragen der Organisation des Unterrichts von Schülern mit Behinderung fallen in die Rubrik/den Bereich der „sozialen Rechte".

These 6
Die UN-Konvention favorisiert ein egalitäres, inklusives Schulsystem, schließt aber besondere pädagogische Maßnahmen nicht aus.

These 7
Erziehungs-, Bildungs- und Leistungsangebote für Menschen mit Behinderung sind keine Selbstverständlichkeit und haben historische unterschiedliche Formen hervorgebracht.

These 8
Deutschland befindet sich in der Praxis schwerpunktmäßig in der Phase der Separation.

These 9
Inklusion überwindet das Zwei-Gruppen-Denken der Integration, wendet sich von der Defizitorientierung ab und begreift Vielfalt als Normalität und Bereicherung.

These 10
„Inklusion" kann (auch) als neues Paradigma der Heilpädagogik begriffen werden.

These 11
Die UN-Behindertenkonvention ist mit der Vision einer Menschenwelt verbunden, in der Menschen mit Behinderung selbstverständlich leben und sich zugehörig fühlen können.

These 12
Die UN-Behindertenkonvention betritt mit ihren Durchführungsbestimmungen menschenrechtliches Neuland.

These 13
Durch den Monitoringausschuss wird die Umsetzung der UN-Konvention unterstützt.

These 14
Die EU unterstützt die Umsetzung und arbeitet dabei mit der Universität Leeds (Professor Mark Priestley) zusammen.

These 15
Gemäß dem Theorieansatz der konstruktivistischen Schule unterstützt der Menschenrechts d i a l o g die Umsetzung der Menschenrechte.
Ein solcher D i a l o g kann auch die Umsetzung der UN-Konvention über die Rechte von Menschen mit Behinderung unterstützen.

These 16
Die derzeitigen nationalen politischen Strategien in Österreich sind auf Normalisierung und Integration, nicht aber Inklusion ausgerichtet. Analoge Entwicklungen sind für die Bundesrepublik Deutschland zu vermuten.

These 17
In Österreich fehlen fundierte Studien und Daten zur Lebenssituation und sozioökonomischen Situation von Menschen mit Behinderung.

These 18
Es müssen Wirksamkeitsindikatoren bezogen auf alle Rechte von Menschen mit Behinderung erarbeitet werden.

These 19
Inklusive Forschung ist Forschung von Menschen mit Behinderung und muss deren Lebensbedingungen zugute kommen. Was dies konkret bedeutet, ist ebenfalls noch differenziert(er) darzustellen.